Alexander Holzach

Câncer
o signo sensível

De 21 de junho a 21 de julho

Os sentimentos do signo de câncer são como o ma

ondulam para cima...

...ou ondulam para baixo.

Câncer é supersensível.

Mas, quem quiser se aproveitar dele, logo perceberá

...que, apesar disso, esse signo também é resistente e forte.

Embaixo de sua casca grossa...

...se esconde
uma alma
amável
e delicada...

Câncer, o signo sensível, não precisa de críticas..

...a não ser que se esteja planejando
não o ver por muito tempo.

Câncer ama seu lar.

Se precisa dormir fora...

...quer voltar para casa a qualquer preço.

O mundo cruel
fora de suas quatro paredes...

...às vezes
pode tirar câncer da linha.

Mas ai de quem subestimar esse signo
e provocar seu mau humor.

Inofensivo?

De jeito nenhum!

Às vezes, câncer pode confundir
por causa de seu humor oscilante:

de superamável...

...a explosivo...

...para, de repente, se desculpar novamente.

Câncer gosta de encontrar imperfeições nos outros

...e também de as apontar depois.

Já com seus próprios defeitinhos,
prefere ser um pouco mais tolerante.

Câncer tende a ser solícito.

Não é raro encontrar esse signo numa profissão em que cuide dos outros.

Câncer tem um enorme senso de justiça.

Quando vê alguém em perigo..

...fica a postos e intercede.

Ele está sempre lá...

...é bom ouvinte e consolador...

...para qualquer problema, ainda que pequeno.

Também está lá
ara alguém que
se encontre
m grande
dificuldade.

Câncer não é um lutador.
Quando o perigo ameaça...

...tenta convencer o outro do contrário.

...até que ele saia para longe cheio de peso na consciência.

Pelos motivos mais diferentes...

...o signo de câncer é querido...

...porque sempre dá uma mãozinha a todos.

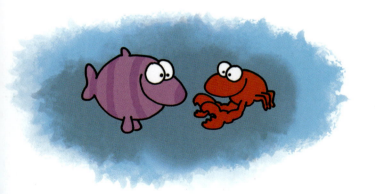

Para câncer, no amor,
   pouco importa a embalagem...

...mas sim o conteúdo.

Quando câncer encontra um parceiro, é companheiro

...está ao seu lado na alegria e na tristeza.

Acredita em um grande amor...

Para os outros, câncer pode parecer muito divertido e engraçado.

Mas, na verdade...

...às vezes se esconde atrás de uma máscara.

E ninguém imagina como é por trás dela.

Amigos que queiram convencer esse signo a ir a um superevento...

...têm de contar com uma forte resistência.

Câncer gosta muito de festejar...

...mas em casa e com uma companhia inteligente.

Câncer guarda dinheiro...

...sempre em lugares inusitados...

...oxalá ele o encontre depois.

O passado é muito importante para câncer.
Ele ama móveis antigos...

...cheios de espaço para fotos
de sua família e seus amigos.

Às vezes, o signo de câncer pode ser...

vulnerável,

sentimental,

assustado

e estressadinho

Mas também é todo coração...

sensível,

resistente,

e imaginativo.

bondoso

TÍTULO ORIGINAL *Der einfühlsame Krebs*
© 2015 arsEdition GmbH, München – Todos os direitos reservados.
© 2017 Vergara & Riba Editoras S.A.

EDIÇÃO Fabrício Valério
EDITORA-ASSISTENTE Natália Chagas Máximo
TRADUÇÃO Natália Fadel Barcellos
REVISÃO Felipe A. C. Matos
DIREÇÃO DE ARTE Ana Solt
DIAGRAMAÇÃO Balão Editorial

**Dados Internacionais de Catalogação na Publicação (CIP)
(Câmara Brasileira do Livro, SP, Brasil)**

Holzach, Alexander
Câncer: o signo sensível / Alexander Holzach; [tradução Natália Fadel Barcellos].
— São Paulo: V&R Editoras, 2017.

Título original: *Der einfühlsame Krebs*.

ISBN 978-85-507-0112-7

1. Astrologia 2. Horóscopos 3. Signos e símbolos I. Título.

17-04649   CDD-133.54

Índices para catálogo sistemático:
1. Horóscopos: Astrologia 133.54

SUA OPINIÃO É
MUITO IMPORTAN
Mande um e-mail pa
opiniao@vreditoras.co
com o título deste li
no campo "Assunto"

Todos os direitos desta edição reservados à
VERGARA & RIBA EDITORAS S.A.
Rua Cel. Lisboa, 989 | Vila Mariana
CEP 04020-041 | São Paulo | SP
Tel.| Fax: (+55 11) 4612-2866
vreditoras.com.br | editoras@vreditoras.com.br

1ª edição, nov. 2017
FONTES SoupBone
KG Be Still And Kno
IMPRESSÃO Malásia
LOTE 236/17ARS12